AF232809

INSTRUCTION

Que le Roi a fait expédier aux Inspecteurs généraux de sa Cavalerie.

Du 25 Mai 1771.

DE PAR LE ROI.

S A MAJESTÉ voulant qu'il soit procédé à la revue de ses Troupes, son intention est que les Inspecteurs qui en seront chargés cette année, se conforment avec la plus grande exactitude à l'instruction qu'Elle a fait expédier à cet effet.

ARTICLE PREMIER.

LES Inspecteurs feront les revues des Troupes, soit en Juin, Juillet ou Août : ils les arrêteront & les fermeront les jours qu'ils les auront faites, & en enverront tout aussi-tôt & sans différer, leur extrait au Secrétaire d'État ayant le département de la guerre.

2.

SA MAJESTÉ est dans l'intention de donner une nouvelle composition à ses régimens de Cavalerie & de

Dragons, mais avant de faire connoître sa dernière volonté à cet égard, Elle juge convenable d'être informée du sentiment de chacun des Inspecteurs, sur les projets qu'Elle a en vue, & c'est pour les mettre en état de rendre leur opinion réfléchie & assurée, que l'on entre dans le détail de cette nouvelle composition.

L'intention de Sa Majesté est de porter chaque régiment de Cavalerie & de Dragons, de huit compagnies où ils sont actuellement, à douze compagnies formant quatre escadrons de trois compagnies chacun.

Chaque compagnie de Cavalerie sera composée :

SAVOIR;

D'un Capitaine.

Un Lieutenant.

  1 Fourrier.

  2 Maréchaux-des-logis.

  4 Brigadiers.

  4 Carabiniers.

24 Cavaliers.

  1 Trompette.

____

36 hommes, dont 34 montés & 2 à pied.

Ce qui sera 108 hommes par escadron, & 432 par régiment.

Chaque compagnie de Dragons sera composée :

SAVOIR,

D'un Capitaine.

Un Lieutenant.

  1 Fourrier.

  2 Maréchaux-des-logis.

  4 Brigadiers.

  4 Appointés.

20 Dragons.

  1 Tambour.

____

32 hommes, dont 24 montés & 8 à pied.

Ce qui sera 96 hommes par escadron, & 384 par régiment.

Sa Majesté est dans l'intention d'ôter les compagnies aux Mestre-de-camp & aux Lieutenans-colonels; & dans ce cas, les Capitaines-commandans qui y seront attachés deviendront titulaires.

Par cet arrangement il se trouvera quelques Sous-lieutenans supprimés; mais Sa Majesté se propose de prendre des mesures pour les remplacer à de nouveaux emplois, & de leur conserver leur traitement jusqu'à ce qu'ils y aient été nommés.

Cette composition a paru plus analogue au service que l'on doit espérer de tirer de la Cavalerie & des Dragons en temps de guerre, & aux manœuvres que ces Corps doivent exécuter.

Sa Majesté est aussi dans l'intention de rendre plus particulièrement aux régimens de Cavalerie & de Dragons l'administration des Masses qui ont été établies pour les recrues, les remontes & les menues réparations : Mais comme Elle n'est pas encore déterminée sur le parti qu'Elle prendra, soit de charger les États-majors des Corps de l'administration de toutes ces Masses, de concert avec les Capitaines qui devront jouir du bénéfice qui pourra s'y trouver par leur économie, & en même temps être tenus de pourvoir au *déficit* qu'une mauvaise administration pourroit opérer, soit de charger en particulier chaque Capitaine de la gestion desdites Masses pour sa compagnie, soit enfin de charger l'État-major d'administrer la Masse de remonte seulement, & de laisser au Capitaine le soin de celles des recrues & des réparations journalières; Sa Majesté désire que les Inspecteurs, après avoir pesé les avantages & les désavantages de l'un & l'autre parti, & après avoir pressenti le vœu des Troupes en général, & particulière-ment des Officiers expérimentés, auxquels ils ne con-noîtront d'autres vues que le bien du service & celui des Troupes, qu'il convient d'allier dans cette occasion, donnent leur avis sur le parti le plus avantageux; c'est ce qu'Elle attend de leur zèle sur un objet aussi important.

3.

LES efforts que les régimens de Cavalerie ont faits pour se compléter, n'ont pas en général été suivis du succès qu'on en devoit attendre, puisqu'il manque encore actuellement beaucoup d'hommes dans quelques-uns de ces Corps; mais la permission qui a été donnée aux Inspecteurs d'autoriser les Commandans des régimens qui sont dans ce cas, à détacher un Officier & quelques bas Officiers pour être employés au travail des recrues pendant l'été, fait espérer qu'ils parviendront à se compléter entièrement par ce moyen; car le secours qu'ils pouvoient espérer des quatre dépôts de Recrues, établis en 1768 pour les hommes qui leur manquoient, ne peut plus avoir lieu, la réforme de ces dépôts venant d'être exécutée; les Inspecteurs informeront le Secrétaire d'État de la guerre du nom de l'Officier par régiment qui aura été envoyé en recrue, & il lui sera expédié un congé, afin qu'à son retour le décompte de ses appointemens puisse lui être fait; mais ils auront attention de recommander à l'avance aux Commandans des Corps de faire rentrer les Officiers & bas Officiers recruteurs aussitôt que les régimens seront complets ou prêts à l'être; ils préviendront même les Commandans des Corps qui se trouveront dans ce cas-là, que si, lors de leur revue, sesdits Recruteurs n'étoient pas rentrés, ils feront cesser leur traitement extraordinaire & les feront passer absens.

4.

LES Inspecteurs examineront avec toute l'attention dont ils sont capables, les hommes qui ont été faits depuis la revue dernière, soit par l'État-major, soit par les Officiers de semestre; ils feront sortir du rang ceux qui ne seront pas propres à servir, & ils les feront congédier sur le champ; ceux qui auront été faits par l'État-major, & qui seront réformés, ne seront point remboursés : quant à ceux qui auront été amenés au Corps par les Officiers de semestre, il sera ordonné une retenue de cent livres qui sera supportée par les Officiers qui les auront faits; ils ne recevront au surplus aucun remboursement pour la dépense qu'ils auront faite relativement à l'homme congédié. Sa Majesté recommande aux Inspecteurs de s'attacher à purger les Corps, de gens flétris, médiocres & mauvais sujets, ayant attention cependant d'en tirer autant qu'il se pourra ce qu'ils ont coûté : on observe au surplus qu'ils doivent avoir moins d'égards à la taille qu'aux services réels, aux sentimens & aux mœurs, qualités qui constituent l'homme de guerre.

5.

LES Inspecteurs ayant fait la revue de la totalité de ces hommes de recrue, ils leur feront prêter serment, conformément à ce qui est prescrit par les Ordonnances de Sa Majesté; & ils rendront compte de ceux des régimens qui n'auront pas rempli le nombre d'hommes qu'ils ont été chargés de faire pour se compléter.

6.

L'EXAMEN des hommes de recrue étant fait, les Inspecteurs passeront à celui des anciens Cavaliers, Hussards & Dragons que leurs infirmités mettroient absolument hors d'état de pouvoir continuer leurs services; ils feront délivrer des congés absolus à ceux qui se trouveront dans ce cas-là, & le renvoi de ces hommes aura lieu le jour même de l'opération de leur revue, sans attendre, ainsi qu'il a été prescrit par l'article 34 de l'Ordonnance du 1.ᵉʳ Janvier 1768, l'époque du mois de Septembre.

7.

L'HÔTEL des Invalides se trouve actuellement très-surchargé, & les Inspecteurs ne sauroient être trop réservés dans les propositions qu'ils auront à faire à cet égard. L'intention de Sa Majesté est toujours que ceux qui seront estropiés à son service, continuent d'être reçus audit Hôtel; Elle veut aussi que ceux qui auront servi vingt-quatre ans dans le même régiment, y soient admis; mais Elle entend en même temps, que ceux qui auront passé d'un régiment dans un autre, devront avoir trente ans de service pour y être reçus, s'il n'y a point une interruption de six mois entre leurs différens engagemens : cette explication de la volonté de Sa Majesté, doit servir de règle aux propositions qui seront faites pour ces sortes de grâces; lesquelles propositions n'auront lieu que lors du travail des Inspecteurs avec le Secrétaire d'État ayant le département de la guerre. Il sera joint aux états de propositions, deux certificats, l'un signé par le Commandant & le Major du Corps, contenant les services des proposés, & l'autre par le Chirurgien; ces deux certificats seront au surplus accompagnés du congé absolu de l'homme proposé, & l'on prévient les Inspecteurs que ces trois pieces sont absolument indispensables.

8.

IL sera fait mention de ceux desdits hommes qui préféreront de se rendre chez eux pour y jouir de la solde réglée par l'Ordonnance du 26 février 1764, concernant les Invalides, sur le pied de quatre sous pour les Fourriers & Maréchaux-des-logis, & de trois sous pour les autres bas Officiers, Cavaliers, Hussards & Dragons. Sa Majesté les dispensera de se rendre à l'Hôtel pour s'y faire recevoir, en vertu du certificat qui leur sera expédié en conséquence par le Gouverneur dudit Hôtel; il sera fait mention de même de ceux qui desireront servir dans les compagnies détachées. C'est au surplus pour mettre les Inspecteurs en état de travailler uniformément sur cet objet, que l'on joint à la présente instruction un modèle de l'état qu'ils auront à suivre. Ils marqueront l'endroit d'où devront partir les routes qu'il sera nécessaire d'expédier pour ceux qui seroient absens du régiment; ils feront connoître aussi si parmi ceux qui seroient admis à l'Hôtel, il s'en trouve qui aient besoin de voiture pour s'y rendre.

9.

LES Ordonnances rendues à la paix, ont réglé que le service des Cavaliers, Hussards & Dragons seroit de huit

années; l'année actuelle est l'époque du terme de l'engagement de ceux qui s'étant engagés en 1763, n'ont
point contracté un nouvel engagement; & comme Sa
Majesté veut & entend que ce qu'Elle a prescrit sur l'expédition des congés absolus par lesdites Ordonnances, &
notamment par les articles 14 & 33 de l'Ordonnance du
1.er janvier 1768, soit exécuté avec la plus grande exactitude, & qu'en conséquence lesdits congés soient expédiés
le jour précis de leur échéance, les Inspecteurs se feront
présenter les hommes qui se trouveront dans ce cas-là,
en arrêteront l'état & les époques de leur renvoi, & com-
menceront par faire congédier ceux qui seront arrivés au
terme de leur engagement : Mais les avantages que Sa
Majesté vient de procurer par son Ordonnance du 16 du
mois d'avril dernier, en accordant des hautes-payes pro-
gressives aux Cavaliers qui se rengageront, font espérer
que plusieurs de ceux qui seroient dans le cas de jouir
de leur congé, préféreront de continuer leur service, au
désœuvrement & peut-être à l'ennui qu'il éprouveroient
lorsqu'ils auroient passé quelque temps dans leurs familles.
Sa Majesté a déjà fait connoître aux Inspecteurs les motifs
qui ont dirigé ses vues à cet égard; le bien-être de ses
Troupes les a principalement dictées, & on ne doute point
qu'elles ne cherchent à lui en marquer leur reconnois-
sance par leur fidélité à son service & leur exactitude à
remplir, comme elles le doivent, les devoirs qui leur sont
prescrits : On n'entre point dans un plus long détail sur cet
objet; mais il doit être recommandé aux Commandans
des Corps, de se conformer très-exactement aux dispositions
qui sont réglées par ladite Ordonnance du 16 avril dernier.
Les Inspecteurs joindront à leur extrait de revue, un état
des hommes qui seront congédiés cette année par congé
d'ancienneté; ils arrêteront aussi l'état, dont ils enverront
un duplicata au Secrétaire d'État de la guerre, des bas
Officiers, Cavaliers, Hussards & Dragons qui seront dans le
cas, par l'expiration de leur engagement ou rengagement,
d'être congédiés l'année prochaine.

10.

Les Inspecteurs sont instruits qu'il se trouve dans les provinces, des hommes qui, quoiqu'absens sans congé, continuent d'être employés sur les contrôles des Majors, c'est un abus qu'il convient d'arrêter; & l'intention de Sa Majesté est que tous ceux qui se trouvoient absens au 1.er Octobre dernier, & qui n'auront pas rejoint leur Corps, soient rayés desdits contrôles : Sa Majesté voulant qu'un homme qui sera absent à une revue d'inspection, ne puisse jamais être rappelé dans la revue suivante, si ce n'est pour cause d'une maladie bien constatée.

11.

Sa Majesté avoit accordé depuis la paix, une solde entière par régiment de Cavalerie, de Hussards, de Dragons & de Troupes-légères; mais ayant fait connoître par son Ordonnance du 16 avril dernier, l'intention où Elle est d'accorder cette grâce à tout homme qui aura servi vingt-quatre ans dans le même régiment, si mieux ils n'aiment être reçus à l'Hôtel des Invalides, ou contracter un nouvel engagement pour jouir des avantages de la vétérance ; Elle entend que ceux qui étant dans ce cas-là, desireront se retirer chez eux, le congé absolu leur soit expédié, ils y jouiront de la solde entière de leur grade, s'ils ont servi dans ce grade pendant huit ans ; au défaut de quoi ils n'auront que la solde du grade inférieur ; il leur sera aussi délivré un habit uniforme tous les six ans.

Entend au surplus Sa Majesté que ceux qui auront servi dans différens régimens, ne puissent, ainsi qu'Elle s'en explique par ladite Ordonnance, jouir de ces avantages qu'après avoir servi au-delà du temps prescrit pour les mériter, conformément aux dispositions contenues dans l'article 43 de l'Ordonnance du 1.er janvier 1768.

Veut Sa Majesté que dans l'état de signalement qui sera adressé de ces hommes, il soit fait mention du jour qu'ils

auront été nommés à leur grade actuel, ce qui doit conftater la folde dont ils devront jouir chez eux ; il fera joint
à leur congé abfolu un certificat de fervice, lequel indi-
quera l'endroit où ils fe retireront, & dont il fera fait note
au fignalement dont il a été parlé ci-deffus, les Infpecteurs
leur remettront une lettre pour l'Intendant de la province
dans laquelle ils fe retireront, à l'effet de lui recommander
de les faire jouir de leur folde & des mêmes avantages
accordés aux Invalides qui font retirés dans les provinces.

12.

LES Infpecteurs procèderont enfuite au choix qu'ils auront
à faire dans chaque régiment de Cavalerie, de quatre
Cavaliers pour le régiment des Carabiniers, lefquels feront
pris non indiftinctement, fur les quatre efcadrons, mais à
raifon d'un homme par compagnie, fuivant l'ancienneté
defdites compagnies, en obfervant néanmoins de n'en point
tirer de celles qui en auroient fourni l'année précédente ;
ils les feront partir pour leur deftination, auffitôt après la
revue, fur les routes qui feront jointes à la préfente Inftruction:
Sa Majefté leur recommande au furplus, ainfi qu'aux Commandans des Corps, de ne détacher pour ce régiment que
des hommes capables d'en foutenir la diftinction ; mais Elle
penfe en même temps, qu'il n'eft pas néceffaire qu'ils foient
de la taille de cinq pieds fept à huit pouces, un homme
de cinq pieds cinq pouces, bien conftitué, & ayant de la
conduite, devant être propre au fervice de ce Corps : Elle
defire auffi que les Infpecteurs aient attention à ne point
comprendre dans le tirage quelques-uns des fujets qui
annonceroient des talens pour devenir bas Officiers.

13.

ILS termineront l'examen des hommes par fe faire
préfenter ceux qui ont fait la guerre, & ils feront mention
dans l'arrêté de leur revue, du nombre qui fe trouvera dans
chaque Corps ; ils informeront en même temps, en général,
de l'efpèce & de la qualité defdits hommes. Il importe auffi
qu'il foit rendu compte de ceux qui fe feront rengagés

depuis le mois de Septembre dernier, & il en sera joint un état à l'extrait de revue.

14.

CES opérations étant réglées, ils examineront les contrôles des Majors, à l'effet de vérifier si les Officiers, bas Officiers, Cavaliers, Hussards ou Dragons qui composeront chaque compagnie, y sont inscrits par ordre & par ancienneté.

15.

VEUT Sa Majesté, que la distribution des deux sous par lieue, qui doivent être payés aux hommes qui seront congédiés, soit par réforme, soit par ancienneté de service, soit faite à l'ordinaire; ce qui cependant n'aura lieu que dans le cas où le décompte du linge & chaussure que chaque homme doit avoir en Masse, suivant l'Ordonnance du 20 mars 1764, ne suffiroit pas pour le conduire à sa destination.

16.

IL ne sera accordé aucun supplément à ceux qui étant nécessaires à leur famille, obtiendront leur congé absolu. Le nombre des congés sera porté chaque année à un homme par compagnie, dans chaque espèce de troupe, conformément à ce qui est prescrit par l'article 22 de l'Ordonnance du 16 avril dernier. Les Inspecteurs, de concert avec les Commandans des Corps, jugeront des raisons de chacun, & décideront de ceux qui devront obtenir cette grâce, en payant le prix réglé par l'article 31 de l'Ordonnance du 1.er janvier 1768. Il en sera envoyé un état au Secrétaire d'État ayant le département de la guerre; ils lui adresseront de même un état de tous ceux qui seront congédiés.

17.

LES Inspecteurs passeront ensuite à l'examen des chevaux. Sa Majesté, en établissant une Masse pour la remonte des régimens de Cavalerie, Hussards, Dragons & Troupes-légères, est parvenue à assurer le remplacement des chevaux qui viendront à manquer dans les Corps : ceux dont ils avoient befoin pour fe compléter, ont dû être achetés cet hiver, & l'on juge qu'ils feront tous arrivés à leur deftination lors de la revue.

18.

ILS rendront compte defdits chevaux de remplacement, & vérifieront fi le nombre ordonné a été acheté, s'ils font d'une bonne tournure, s'ils ont la taille requife; en un mot, s'ils font propres au fervice de la troupe à laquelle ils ont été deftinés : ils vérifieront la recette & la dépenfe relatives auxdits achats; mais on les prévient qu'il ne doit être fait aucune mention de l'excédant auquel cette acqui-fition auroit pu avoir donné lieu; Sa Majefté voulant qu'il ne foit rien pris fur les fonds de la Maffe pour objet quelconque qui excéderoit le prix de quatre cents livres par cheval de Cavalerie, de trois cents livres par cheval de Dragons, & de deux cents cinquante livres par cheval de Huffards & de Troupes-légères. Les Infpecteurs ne fauroient trop recommander aux chefs des Corps, de faire prendre le plus grand foin des chevaux de remonte, & on leur obferve que l'on ne doit point exercer cette année ceux qui n'ont pas quatre ans faits, on les pro-ménera feulement; & comme il ne s'en trouvera pas alors affez pour exercer la totalité des Cavaliers, ceux qui auront de jeunes chevaux monteront ceux de leurs camarades, autant que faire fe pourra : on fera au furplus promener la totalité des chevaux, lorfque la rigueur de la faifon ou le mauvais temps ne permettra pas d'efcadronner.

19.

LE nombre de ceux qui ont été réformés depuis la paix, a été très-confidérable, & on ne peut fe diffimuler qu'il a encore été trop étendu l'année dernière; il ne fera réformé que ceux qui feront décidés abfolument mauvais & hors d'état de foulager les autres pour les exercices : Sa Majefté ne préfume pas qu'en quelque mauvais état que puiffent être les chevaux d'un régiment, la réforme de cette espèce de chevaux, absolument mauvais, puisse être portée au-delà de trente chevaux; Elle défend en conséquence aux Inspecteurs d'excéder ce nombre, qui dans plusieurs régimens, doit être beaucoup moindre. L'intention de Sa Majesté est que les Inspecteurs prennent une connoissance très-exacte de l'espèce & de la qualité des chevaux qui existent actuellement dans la Cavalerie & les Dragons, compagnie par compagnie; ils en rendront un compte très-particulier & si étendu que Sa Majesté puisse y adapter les opérations qu'Elle a en vue sur ces deux Corps; ce compte sera rendu avec toute l'exactitude qu'il exige, & envoyé en même temps que l'extrait de la revue : au surplus les chevaux que l'on ne pourra se dispenser de réformer à cette revue, seront vendus sur le champ en présence d'un Officier-major, par les soins du Commissaire des guerres chargé de la police du régiment, conformément à ce qui est prescrit par l'Ordonnance du 1.er décembre 1768. Veut Sa Majesté que cette Ordonnance soit exécutée dans tous les points avec exactitude, & les Inspecteurs y tiendront la main : ils auront aussi attention de joindre au travail de leur revue, un relevé de la situation où se sera trouvée au 1.er Mai la caisse de ladite Masse.

20.

SA MAJESTÉ ayant réglé que les Officiers de Cavalerie, de Hussards, de Dragons & de Troupes-légères, seroient toujours & en tout temps montés sur des chevaux d'escadron, les Inspecteurs examineront s'ils le sont convenablement; ils en joindront un état particulier à leur extrait de revue, & il y sera fait mention de la bonne ou de la mauvaise espèce des chevaux; ils entreront aussi dans l'examen de ceux qui sont montés par les Porte-étendards & Porte-guidons, pour lesquels il a été fait une Masse particulière dont ils se feront rendre compte, ainsi que de la manière dont les Officiers de l'État-major, qui ont la permission d'en avoir à courte queue, sont montés.

21.

SA MAJESTÉ a réglé que les chevaux qui feront emmenés par les déferteurs, feront payés par les trois Chefs de l'État-major, fur le pied de quatre cents livres pour un cheval de Cavalerie, trois cents livres pour un cheval de Dragons, & deux cents cinquante livres pour un cheval de Huffards & de Troupes-légères; cette difpofition continuera d'avoir fon exécution, & les fommes qui en proviendront, feront exactement remifes à la caiffe de la Maffe des remontes, & payée par tiers par lefdits Officiers : les Majors répondront de la remife defdites fommes à la caiffe, & les Infpecteurs les chargeront d'inftruire le Secrétaire d'État de la guerre, des hommes qui déferteront, diftinguant ceux qui feront partis montés ou non montés.

22.

CEUX defdits chevaux qui feront repris, ne feront pas payés fur le pied ci-deffus réglé, & les États-majors feront feulement affujettis au payement de ce qu'ils auront coûté pour s'en emparer ou pour les racheter.

23.

L'EXAMEN des hommes & des chevaux étant fait, les Infpecteurs verront fi les hommes de recrue & les chevaux de remonte ont été diftribués dans les compagnies en proportion de ce qui y manquoit, de manière qu'elles foient égales en nombre pour faire le fervice : ils obferveront que les efcouades doivent toujours être égalifées dans chaque compagnie; ils auront attention de ne point remplacer les Maréchaux-des-logis, Brigadiers, Carabiniers ou Appointés, dont le nombre fe trouveroit excéder celui que Sa Majefté fe propofe d'établir à l'avenir dans chaque compagnie, & ainfi qu'il eft expliqué dans le réfumé de la compofition projetée, dont il a été parlé ci-deffus.

24.

LES Infpecteurs ayant procédé à ces différentes opérations, de la manière ci-deffus prefcrite, ils feront en état de conftater leur revue, & d'en former le livret, dont le modèle sera joint à la présente Instruction; ils n'y feront mention que des hommes & des chevaux qui composeront les compagnies de chaque régiment après le renvoi des congédiés & des réformés; & comme les Cavaliers, Dragons & Hussards qui seront dans le cas d'obtenir les Invalides, ne seront pas alors connus, leur sort ne devant être décidé que lors du travail des Inspecteurs avec le Secrétaire d'État de la guerre, ils seront compris dans la revue; ils suivront donc leur Corps dans le cas de mouvement. Il en sera de même de ceux qui, étant nécessaires à leur famille, seront admis à se remplacer, lesquels resteront au régiment jusqu'à ce qu'ils aient déposé à la caisse des recrues le prix de leur dégagement.

2 5.

LE livret de revue étant arrêté, c'est alors que les Inspecteurs se feront rendre un compte très-particulier des hommes qui auront manqué depuis la dernière revue, par mort, par désertion, ou par des congés accordés à ceux qui auront eu la permission de se remplacer. Il en sera dressé un état général qui sera joint à l'extrait de revue; cet état comprendra aussi ceux des hommes qui auront été réformés cette année ou auront obtenu des congés d'ancienneté : on observe qu'il doit être mis au bas de cet état, qui comprendra aussi les chevaux qui auront été réformés ou qui seront morts, une récapitulation qui présente en total ces différentes mutations.

2 6.

LES Inspecteurs visiteront ensuite, avec la plus grande attention, toutes les parties de l'habillement, de l'équipement, & de l'harnachement du cheval; pour cet effet ils se feront représenter les états & devis de la réparation précédente; ils examineront particulièrement chacune desdites parties, pour s'assurer s'il n'y a été porté aucun changement, & si elles ont été exécutées conformément aux dispositions du règlement; & dans le cas où les Corps se seroient permis de charger l'habillement uniforme des Fourriers,

Maréchaux-des-logis ou autres, de galons d'embellissement ou de distinctions qui n'ont pas été prescrites pour chaque grade, les Inspecteurs les feront supprimer, & ordonneront que le tout soit remis dans l'état où il doit être, aux frais des Mestres-de-camp ou Commandans des Corps, qui auroient souffert ou permis lesdits changemens, & ils en rendront compte. On prévient au surplus les Inspecteurs qu'ils doivent s'occuper très-particulièrement de la visite qu'ils auront à faire de la situation actuelle de l'habillement, de l'équipement & même de l'harnachement, étant nécessaire d'en avoir une connoissance si complète qu'il n'en puisse résulter à l'avenir aucune représentation, dans le cas de l'exécution des projets de Sa Majesté.

27.

Ils préviendront les Officiers de l'État-major, de former l'état particulier des fournitures relatives à l'habillement dont ils jugeront avoir besoin pour l'entretien & les réparations journalières; ils vérifieront si les parties demandées sont absolument indispensables, & si la petite Masse affectée à la dépense desdites réparations est en état de la supporter, afin de préférer ou retarder l'exécution des réparations plus ou moins urgentes, de proportionner à cet égard la dépense aux moyens qui y sont affectés, & d'empêcher que la petite Masse se trouve obérée; ils certifieront & approuveront ledit état qu'ils joindront à leurs extraits de revue, pour être l'expédition desdites fournitures ordonnée des magasins d'approvisionnement, au cas que les régimens ne soient pas à portée de se les procurer sur les lieux de leur emplacement, au même prix & de la même qualité qu'elles sont faites par la régie de l'habillement. Les Majors seront prévenus qu'il ne sera fait droit sur aucune demande qu'ils feroient des fournitures nécessaires à leurs réparations journalières, qu'autant que leur mémoire sera visé & arrêté par les Inspecteurs.

28.

Plusieurs régimens ayant interprété d'une manière

différente la disposition de l'article 4 de l'Ordonnance portant règlement sur les voitures, du 1.er juillet 1768; & Sa Majesté voulant expliquer ses intentions à cet égard, Elle entend que les régimens soient tenus de faire mettre en œuvre les fournitures qui leur ont été adressées dans les trois mois qui suivront leur réception, ou qu'elles soient voiturées à la suite des Corps qui auroient négligé de les faire employer: Ordonne Sa Majesté que si le nombre de voitures prescrit n'est pas suffisant pour transporter lesdites marchandises réservées, concurremment avec les autres bagages ou effets appartenans à Sa Majesté, les Officiers soient tenus de payer le prix d'une voiture qui leur sera seulement accordée pour le transport des marchandises qu'ils auroient négligé de faire employer.

<h2 style="text-align:center">29.</h2>

LES Inspecteurs examineront ensuite l'armement des Officiers, bas Officiers, Cavaliers, Hussards & Dragons; ils verront s'il est tenu dans la propreté convenable dans toutes ses parties; ils se feront représenter toutes les armes qu'on leur accusera être défectueuses; ils en ordonneront la réparation ou la suppression s'il y a lieu, & ils dresseront, pour rendre un compte exact de la situation de l'armement, un état conforme au modèle joint à la présente Instruction.

<h2 style="text-align:center">30.</h2>

IL a été donné des ordres pour faire distribuer cinquante livres de poudre, & vingt-cinq livres de plomb à chaque escadron de Cavalerie, & trois cents livres de poudre & cent cinquante livres de plomb à chaque régiment de Dragons; les Inspecteurs donneront les ordres les plus précis pour l'emploi utile de ces munitions, afin qu'elles ne soient consommées à d'autres usages que ceux auxquels elles sont destinées.

<h2 style="text-align:center">31.</h2>

ILS se feront aussi représenter les états de recette &

de dépense depuis le mois de Mai de l'année dernière; ils s'en feront rendre compte, ainsi que de l'emploi des différentes Maffes deftinées à l'entretien des Troupes, & ils informeront fommairement & feulement par récapitulation fur chaque objet de comptabilité, le Secrétaire d'État ayant le département de la guerre, de la fituation où ces différentes parties fe trouveront au 1.er Mai de la préfente année, époque à laquelle Sa Majefté entend qu'elles continuent d'être arrêtées : Ils obferveront de tenir la main à ce que les Majors des régimens dreffent le relevé du compte de la Maffe des recrues, jufqu'audit jour 1.er Mai, dans la forme preferite par l'Inftruction du 30 avril 1768; ils adrefferont ce relevé avec leur extrait de revue, & ils y joindront par un état féparé, celui du compte de la Maffe des remontes. On les prévient que l'intention de Sa Majefté eft qu'il ne foit fait pendant l'été que la dépenfe qu'il fera abfolument indifpenfable de faire, relativement à la Maffe des recrues; & ils auront la plus grande attention à n'autorifer les Commandans des Corps à la continuation de ce travail, que dans le cas que la foibleffe du régiment l'exigeroit indifpenfablement : l'intention de Sa Majefté eft auffi qu'il ne foit fait que le moins de dépenfe qu'il fera poffible fur la Maffe des menues réparations; c'eft ce qu'ils recommanderont aux Commandans & Majors des Corps.

3 2.

ILS drefferont, de concert avec les Commandans des Corps, l'état des Cavaliers & des Dragons qui pourront s'abfenter pendant l'hiver prochain : Sa Majefté a réglé que leur femeftre commencera au 1.er Octobre prochain, & finira au 1.er Avril fuivant. Elle fe réferve de faire connoître, avant l'époque du 1.er Octobre, fes intentions fur le nombre d'hommes par compagnie auxquels il fera accordé des congés. Les Infpecteurs préviendront à l'avance les Commandans des Corps que ces congés de femeftre ne devront être accordés qu'à des hommes bien connus & ayant du bien chez eux : cet objet eft de la plus grande importance, & il sera recommandé aux Commandans & aux Majors des Corps d'y tenir la main ; les Inspecteurs leur observeront aussi que ceux des bas Officiers, Cavaliers, Hussards & Dragons qui ne seront pas assez instruits dans les différens exercices pour être de la première classe, ne participeront point à ces congés.

33.

ILS renouvelleront aux Majors l'obligation où ils sont de prévenir ceux auxquels il sera expédié des congés limités, de la nécessité où ils seront, conformément à l'article 13 de l'Instruction du 16 août 1766, de faire viser leur cartouche par les Officiers ou Cavaliers de Maréchaussée, sous peine contre ceux qui y manqueront, d'être punis de la prison à leur arrivée au régiment.

34.

SA MAJESTÉ est encore dans l'intention d'user de clémence en faveur des bas Officiers, Cavaliers, Hussards & Dragons, qui, après avoir déserté, se sont engagés dans d'autres Corps ; & Elle veut bien se déterminer à leur accorder la rémission de la peine qu'ils ont encourue, à la charge néanmoins qu'ils rempliront, dans les régimens où ils servent actuellement, non-seulement le temps fixé par leur engagement, mais qu'ils y serviront encore quatre ans au-delà, au bout duquel temps il leur sera délivré des brevets de grâce, ainsi que des congés absolus : Entend Sa Majesté que sous tel prétexte que ce soit, ces congés absolus ne soient expédiés qu'à l'expiration dudit temps prescrit, à moins que des raisons d'infirmités les empêchassent de pouvoir continuer leurs services, & dont il seroit rendu compte au Secrétaire d'État ayant le département de la guerre ; les Inspecteurs joindront à leur extrait de revue, un état des hommes qui seront dans le cas de jouir de la grâce que Sa Majesté veut bien leur accorder ; il y sera fait mention des régimens d'où ils auront déserté, ainsi que de la date des engagemens qu'ils auront contractés dans ceux où ils servent actuellement.

Mais s'il arrive, par la fuite & à dater de l'époque de l'arrêté de la revue qui fera faite cette année à chaque Corps, qu'un Officier engage un déferteur d'un autre régiment; veut Sa Majefté qu'il foit retenu fur les appointemens dudit Officier, qui l'aura engagé, la fomme de cinq cents livres pour chaque Cavalier, & quatre cents livres pour chaque Dragon; lefquelles fommes feront remifes à la Caiffe du Corps d'où fera le déferteur, conformément à ce qui eft prefcrit par l'article 4 de l'Ordonnance du 18 juin 1768; cet Officier perdra auffi ce qu'il lui aura donné pour fon engagement : Et fur le compte qui fera rendu dudit homme qui fera arrêté & mis en prifon, Sa Majefté donnera fes ordres pour qu'il foit jugé fuivant les Ordonnances.

À l'égard des Cavaliers & Dragons, qui, pendant le dernier femeftre ou depuis, auroient contracté des engagemens dans d'autres Corps; l'intention de Sa Majefté eft qu'ils foient rendus à leur régiment, & que ceux qui les auront engagés perdent le prix de leur engagement : ces déferteurs feront auffi tenus de fervir pendant quatre ans, au-delà de leur engagement, & feront conduits à leur ancien régiment par la Maréchauffée.

35.

Sa Majefté entend que les Miliciens des quatre dernières levées, qui fe font engagés dans les Troupes, foient renvoyés dans leur province, pour fervir dans leurs bataillons; les Infpecteurs ordonneront, auffitôt la réception de la préfente Inftruction, aux Commandans des régimens, de faire partir fur le champ ceux qui auront été réclamés par les Intendans des provinces; lefdits Commandans leur feront expédier leur congé abfolu, dans lequel fera motivé leur état de Milicien, & il leur fera donné deux fous par lieue, qui feront pris fur la Maffe des recrues, pour leur donner les moyens de retourner chez eux, au cas que leur décompte de linge & chauffure ne puiffe pas y fuffire : Et comme quelques Cavaliers ou

Dragons pourroient se dire Miliciens, dans la vue d'avoir leur congé absolu, les Majors avant de le leur délivrer, enverront leur signalement aux Intendans des provinces auxquelles ils auront déclaré appartenir, afin que les déclarations de ces hommes puissent être constatées, auquel cas lesdits congés leur seront expédiés.

Pour prévenir que quelques Miliciens, en cachant leur état, ne restent dans les troupes où ils se sont engagés, Sa Majesté charge les Intendans d'envoyer aux Commandans des Corps où ils auront des hommes à réclamer, le signalement de ceux qui appartiennent aux bataillons de leur département; & son intention est que sur la demande que lesdits Intendans feront de ces hommes, ils soient rendus sans aucune représentation : Les Inspecteurs préviendront au surplus les Commandans des Corps, que faute d'exécution de ce qui vient d'être prescrit sur le renvoi de ces hommes, soit de la part desdits Commandans, en les retenant au Corps, soit de celle des Miliciens, en ne se rendant pas dans leurs communautés; dans le premier cas, les Miliciens seront conduits chez eux par la Maréchaussée, aux frais des régimens; dans le second, ils seront arrêtés & retenus en prison jusqu'au temps de l'assemblée, & alors il sera procédé au jugement qu'ils auront encouru.

36.

LES différentes opérations détaillées dans la présente Instruction, conduiront les Inspecteurs à la connoissance de la tenue & de la discipline qui s'observent dans les Corps; ils porteront une attention toute particulière sur ces deux objets, & ils en rendront compte.

37.

ILS termineront leur inspection par l'exercice & les manœuvres qu'ils feront exécuter aux régimens, & dont ils rendront également compte : Ils sont prévenus que tous les Officiers, depuis le Mestre-de-camp jusqu'au Porte-étendard ou Porte-guidon, sont tenus de savoir exécuter généralement tout ce qui a rapport aux différens maniemens des armes & aux manœuvres, tant à pied qu'à cheval, afin de pouvoir les enseigner à leur troupe : Il importe donc au bien du service qu'ils fassent des examens très-exacts du travail de chaque Officier en particulier; il convient aussi qu'ils fassent donner devant eux des leçons aux Cavaliers; ils examineront au surplus si les exercices & les manœuvres de la Cavalerie & des Dragons, s'exécutent avec toute l'uniformité qui a été prescrite : on ne peut assez leur recommander cette uniformité si indispensablement nécessaire, & dont on s'est si fort écarté. On les prévient qu'il ne doit être accordé ni semestre, ni proposé de congé pour ceux des Officiers qui auroient négligé leur instruction; les Inspecteurs recommanderont aux Commandans des Corps, de se conformer à ce qui est prescrit à cet égard.

38.

ON a reconnu que les instructions qui ont été données à l'école d'équitation de Douai, n'ont pas été exactement conformes à celles de l'école de Saumur : on avoit cru rétablir l'uniformité en ne formant plus qu'une école, dirigée sur les mêmes principes; mais comme les Élèves de plusieurs régimens de Cavalerie étoient déjà rentrés dans leurs Corps, lors de la réunion de ces écoles, & qu'il seroit à craindre que ceux qui s'y trouveroient au moment de la suppression de l'école de Saumur, ne voulussent brusquer les changemens qu'il peut être nécessaire de faire dans lesdits régimens, pour établir tout de suite une uniformité entière : l'intention de Sa Majesté est que les Inspecteurs veillent à ce que les Officiers, bas Officiers & Cavaliers qui viennent de rejoindre leur Corps, ne soient chargés dans ce moment-ci que de l'instruction des hommes de recrue; & dans le cas que l'hiver prochain il fût jugé convenable d'apporter quelques changemens dans l'instruction des anciens Cavaliers, les Inspecteurs recommanderont à l'avance aux Commandans des Corps, que l'on ne devra y parvenir que par des moyens doux

& infenfibles, fans qu'il puiffe être permis de produire à la fois une révolution générale & fubite dans l'inftruction déjà donnée.

39.

ILS procèderont enfuite à l'examen des mœurs, de la conduite & des talens des Officiers; on joint à cet effet à la préfente inftruction, des feuilles d'obfervation, fur lefquelles il fera fait mention de chaque Officier, lefquelles feuilles feront jointes à l'extrait de revue : Sa Majefté les difpenfe d'envoyer des renfeignemens fur les bas Officiers en particulier; mais ils en marqueront leur avis en général.

40.

SA MAJESTÉ a lieu d'être fatisfaite des comptes avantageux qui ont été rendus de l'application de la plupart des Capitaines & de leur attention à remplir leurs devoirs; mais Elle eft inftruite qu'il s'en faut bien que la même activité fe trouve dans les Lieutenans & Sous-lieutenans, la plus grande partie marquant plus de négligence que de zèle à l'exécution de ce qui leur eft prefcrit : c'eft dans l'objet d'arrêter un abus auffi préjudiciable au fervice, que Sa Majefté entend que les Infpecteurs, de concert avec les Commandans des Corps, entrent dans le plus grand détail fur la manière de fervir de ces Officiers fubalternes, & qu'il foit rendu compte de ceux qui par leur inconduite ou défaut d'application, feroient dans le cas d'être réformés; Sa Majefté étant dans l'intention de ne conferver à fon fervice que des Officiers qui fervent avec zèle & application.

41.

SA MAJESTÉ eft auffi inftruite que l'article 117 du titre XXI de l'Ordonnance du fervice des Places, qui prefcrit que les bas Officiers qui feront caffés, feront remis à la queue de la compagnie, n'étoit point exécuté fuivant fes intentions, puifqu'il eft arrivé dans certains Corps que des Brigadiers qui venoient d'être caffés, ont paffé tout de fuite à des places de Carabiniers, fe trouvant les plus anciens Cavaliers de leur compagnie, & ont fait le service de Brigadier en remplacement de celui de leur escouade : C'est pour obvier à une disposition aussi contraire à l'esprit de l'Ordonnance, que Sa Majesté a réglé qu'un Fourrier, Maréchal-des-logis, Brigadier, Carabinier ou Appointé qui aura été cassé & mis à la queue de sa compagnie, ne pourra redevenir Carabinier ou Brigadier que lorsque son ancienneté le ramènera, par ce nouveau tour, à la place de Carabinier ou de Brigadier; & qu'un Fourrier ou Maréchal-des-logis ne pourra jamais redevenir Maréchal-des-logis ni Fourrier, lorsqu'il aura été cassé pour une action qui attaquera l'honneur ou la probité.

<h2 style="text-align:center">4 2.</h2>

SA MAJESTÉ permet aux Inspecteurs, de recevoir les Mémoires des grâces; mais on les prévient qu'Elle a fixé à vingt-cinq ans l'ancienneté de service en qualité d'Officier, qui doit rendre susceptible de la Croix de Saint-Louis.

Les Officiers parvenus par l'état de Fourrier, de Sergent ou de Maréchal-des-logis, pourront prétendre à cette grâce; savoir, ceux qui auront joint vingt ans & plus dans les grades inférieurs de Soldat, Fourrier, Sergent, Cavalier, Hussard, Dragon & Maréchal-des-logis, à quinze ans d'ancienneté dans le grade d'Officier; & ceux qui ayant servi dans les grades inférieurs au moins pendant dix ans, auront vingt ans d'ancienneté d'Officier.

Sa Majesté veut bien admettre une distinction en faveur des Lieutenans-colonels qui sont actuellement pourvus de ce grade, en fixant à vingt ans l'ancienneté de service en qualité d'Officier, qui pourra leur faire mériter la Croix de Saint-Louis; & des Majors aussi actuellement pourvus de ce grade, en réglant à vingt-deux ans l'ancienneté qui les mettra à portée d'obtenir cette grâce.

<h2 style="text-align:center">43.</h2>

ON termine cette instruction par recommander aux Inspecteurs, de constater par un Mémoire particulier, le réfumé de leur travail, dans lequel il fera généralement fait mention de la tenue, de la difcipline, de l'efprit du régiment, de la qualité des hommes & des chevaux, de ceux qui feront congédiés, réformés, morts ou défertés, de la manière dont le Corps eft exercé, fes finances admi-niftrées, & fon habillement tenu; ce Mémoire contiendra enfin tout le détail de l'opération dont Sa Majefté les charge par la préfente Inftruction.

FAIT à Verfailles le vingt-cinq mai mil fept cent foixante-onze. *Signé* LOUIS. *Et plus bas*, MONTEYNARD.

A PARIS,
DE L'IMPRIMERIE ROYALE.

M. DCCLXXXII.

www.ingramcontent.com/pod-product-compliance
Lightning Source LLC
LaVergne TN
LVHW010237060726
842519LV00014B/1258